Reise durch die
Natur- und Tierwelt

Printed in Italy

ISBN 3-85581-298-5

DIE BLAUMEISE

Illustrationen von Alessandra D'Este
Text von Gaia Volpicelli
Übersetzt von Danielle Heufemann

bohem press ✤ **bambino**

Im März wacht der Wald endlich auf.
Die ersten zarten Birkenblätter
sprießen, und die Meisen beginnen
wieder zu zwitschern.
Sie hüpfen von Zweig zu Zweig,
und ihr Gesang erfüllt den Wald.

Eines Tages lassen sie sich im
Innern eines schönen Rosenbusches
nieder.
Jetzt ist der April gekommen, und
es ist Zeit, an ein Nest zu denken.
Von nun an suchen sie vom Morgen
bis zum Abend Strohhalme und
trockene Blätter.

Wenn das Nest fertig ist, legt das Weibchen drei kleine Eier hinein. Diese müssen nun ungefähr zwei Wochen lang ausgebrütet werden, bevor die Jungen die Schale durchbrechen.

Der Rosenbusch blüht.
In einigen Tagen werden die Jungen ausschlüpfen. Das Weibchen kann nicht auf Futtersuche ausfliegen; es bleibt auf den Eiern sitzen, um sie schön warm zu halten.
Das Männchen bringt die Nahrung ans Nest.

Die Rosen sind verblüht.
Die Jungen bekommen langsam ihr Federkleid. Die Eltern haben jetzt keine Zeit zum Singen.
Ihre ganze Aufmerksamkeit gilt den Kleinen, die ständig Hunger haben.

Nach drei Wochen haben die jungen Meisen so viel gefressen, daß das Nest für sie zu klein wird. Jetzt ist es Zeit für die ersten Flugversuche. Man muß mit den Flügeln schlagen. Auf, ab, auf, ab ... schneller ... ja, so ist es gut.

Nun können die Jungvögel schon das ganze Gebiet überfliegen. Ihre Flügel sind kräftig geworden. Aber sie haben noch immer den hellen Schnabel der frischgeschlüpften Jungen. Erst wenn der Schnabel dunkel geworden ist, werden die Eltern aufhören, sie zu füttern.

Der Oktober ist gekommen.
Sind das hier die drei Kleinen?
Sie sind wirklich sehr gewachsen.
Sie suchen ihre Nahrung selbst,
vor allem Insekten, die sich im
Blätterwerk verbergen.

Im Dezember fällt der erste Schnee.
Glücklicherweise haben die Meisen
keine Angst vor der Kälte.
Da es nun keine Insekten mehr gibt,
fressen sie Körner und Eicheln.

Das Federkleid der Meisen schenkt dem Winterwald fröhliche Farbtupfer.
Bald werden wir die ersten zarten Blätter an den Birken sehen und den melodischen Gesang der Vögel wieder hören.

In der gleichen Reihe

Der Silberfuchs

Die Giraffe

Der Biber

Der Delphin

Der Panda